Große Ohren und lange Finger

Anita Ganeri

Big Ears and Sticky Fingers
Originalausgabe

„Große Ohren und lange Finger" ist ursprünglich 2014 auf Englisch veröffentlicht worden. Die deutsche Ausgabe wird mit freundlicher Genehmigung von Oxford University Press veröffentlicht.

„Big Ears and Sticky Fingers" was originally published in English in 2014. The German edition is published by arrangement with Oxford University Press.

Acknowledgements

Text by Anita Ganeri
Illustrations by Anna Violet
Cover photos: Thomas Rabeil/Nature Picture Library; hagit berkovich/Shutterstock; szefei/Shutterstock
Series Editor: Nikki Gamble

p2-3: blickwinkel/Alamy; **p6-7**: Fredy Thuerig/Shutterstock; **p7**: Frans Lemmens/Corbis; **p8-9**: blickwinkel/Alamy; **p9**: Mark Carwardine/Nature Picture Library; **p10-11**: Alaska Stock/Alamy; **p11**: Bruce & Jan Lichtenberger/Purestock/SuperStock/Corbis; **p12-13**: Malcolm Schuyl/Alamy; **p13**: rameus/Shutterstock; **p14-15**: SevPhil/Shutterstock; **p15**: Yukihiro Fukuda/Nature Picture Library; **p16-17**: Francois Gohier/ardea.com; **p17**: Claus Meyer/ Minden Pictures/National Geographic Creative; **p18**: MLArduengo/Shutterstock; **p18-19**: Matthew Dixon/Shutterstock; **p19**: Inaki Relanzon/Nature Picture Library; **p20-21**: Rob Robbins / Nation Science Foundation; **p22-23**: Fred Bavendam/Minden Pictures/Corbis; **p23**: LauraD/Shutterstock; **p24**: Frans Lemmens/Corbis

Bestell-Nr. 2400-70 • ISBN 978-3-619-24610-6

Übersetzung: Stephanie Oelschlegel
Redaktion: Stefanie Drecktrah

© 2020 Mildenberger Verlag GmbH, 77610 Offenburg
www.mildenberger-verlag.de
E-Mail: info@mildenberger-verlag.de

Auflage	4	3	2	1	
Jahr	2023	2022	2021	2020

Bezugsmöglichkeiten
Alle Titel des Mildenberger Verlags erhalten Sie unter: www.mildenberger-verlag.de oder im Buchhandel. Jede Buchhandlung kann alle Titel direkt über den Mildenberger Verlag beziehen. Ausnahmen kann es bei Titeln mit Lösungen geben: Hinweise hierzu finden Sie in unserem aktuellen Gesamtprogramm.

Printed in China by Golden Cup

Inhalt

Es geht ums Überleben

Tundra

stürmische Küste

Nordamerika

Draußen ist es kalt? Du kannst einen Mantel anziehen. Es ist heiß? Du ziehst einfach deinen Pullover aus. Tiere können das aber nicht. Sie brauchen besondere Eigenschaften um zu überleben.

Moore und Sümpfe

Vereister Ozean

Südamerika

Antarktis

felsige Gebirge

kalte Berge

Europa

Asien

Afrika

Seetang

Regenwald

Australien

Sand-
wüste

Der Lebensraum,
den ein Tier bewohnt, nennt man **Habitat**.
Die Tiere in diesem Buch leben in einigen
der härtesten Habitate der Erde.

5

Große Ohren

Sand-wüste

In den Sandwüsten Nordafrikas ist es am Tag brütend heiß. Es regnet dort sehr wenig. Wie also kann dieser Wüstenfuchs überleben?

Wo ist das genau?

Ort: Sandwüste, Nordafrika

Habitat: Wüste – heiß, trocken, sandig

Der Wüstenfuchs ist etwa so groß wie eine Katze und hat riesige pelzige Ohren. Über diese Ohren verliert der Fuchs Wärme. Das hilft ihm dabei, kühl zu bleiben. Große Ohren sind außerdem hervorragend, um **Beute** aufzuspüren.

große Ohren

sandfarbenes Fell zur Tarnung

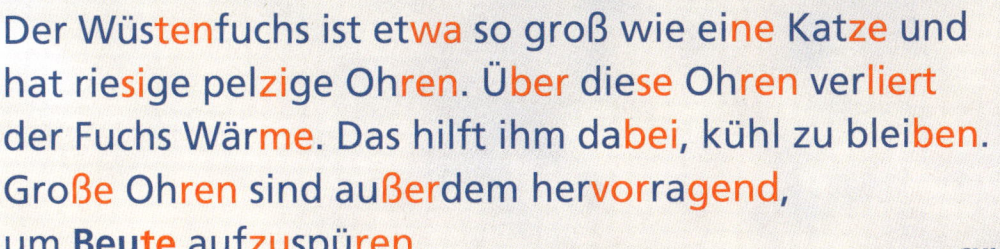

Spannend:

Wüstenfüchse haben pelzige Pfoten, damit sie über den heißen Sand laufen können, ohne sich zu verbrennen.

Lange Finger

Ein seltsam aussehendes Tier lebt auf der Insel Madagaskar. Es hat große Ohren, große Schneidezähne und lange dünne Finger. Man nennt es Aye-Aye. Es ist ein **Lemur**.
Das Aye-Aye lebt im Regenwald und ist nachtaktiv. Mit seinem langen Mittelfinger klopft es Bäume ab, um festzustellen, wo sich Hohlräume mit **Maden** befinden. Dort nagt es sich durch die Rinde, steckt seinen längsten Finger hinein und angelt sich eine saftige Made heraus.

Regenwald

große Ohren

große Schneidezähne

lange dünne Finger

Spannend:

Aye-Ayes haben an ihren Füßen scharfe gebogene Krallen. Damit können sie gut auf Bäumen herumklettern.

Wo genau ist das?

Ort: Madagaskar, Afrika

Habitat: Regenwald – warm, feucht

Jägerin im Schnee

Tundra

In der **Tundra** ist es kalt und schneereich, aber die Schnee-Eule fühlt sich hier zu Hause. Ihre Federn sind weiß wie Schnee und dienen zur Tarnung bei der Jagd nach kleinen Tieren, wie **Lemmingen**.

gute Augen

dickes weißes Federkleid

scharfe Krallen

Die Eule hat gute Augen, um ihre Beute zu erspähen. Sie fliegt dicht über den Boden und schnappt sich die Beute mit ihren scharfen Krallen.

Spannend:

Schnee-Eulen besitzen ein dickes weißes Federkleid. Sie haben sogar Federn auf ihren Beinen und Zehen!

 **Wo genau ist das?**

Ort: Nordamerika, Nordeuropa, Nordasien

Habitat: Tundra – kalt, schneereich, windig

Die Echse und das Meer

Stürmische Küste

Die Meerechse ist ein Leguan,
der nur auf den Galapagosinseln
vorkommt.
Am liebsten frisst sie Algen.
Mit ihren messerscharfen Zähnen
reißt sie die Algen
von den Steinen.

Spannend:

Während die
Meerechsen fressen,
nehmen sie Salz aus
dem Meerwasser auf.
Um das Salz wieder
loszuwerden, niesen
sie es aus!

Das Meer um die Inseln ist stürmisch und kalt, aber die Leguane haben besondere Eigenschaften, um zu überleben. Sie haben lange Krallen. Damit können sie sich auch auf schlüpfrigen Felsen festhalten. Ihr Schwanz ist groß und flach und hilft beim Schwimmen.

 **Wo genau ist das?**

Ort: Galapagos-Inseln, Südamerika
Habitat: felsige Küste – wild, feucht, kalt

flacher Schwanz

lange Krallen

Heiße Bäder

Das sind Schneeaffen.
Sie leben in Japan
in den Bergen, wo es
im Winter eiskalt ist.
Die Affen halten sich
auf schlaue Art warm.

Sie sitzen in Becken
mit warmem Wasser.
Das Wasser wird von
heißen Steinen unter
der Erde erwärmt.
Außerdem haben die Affen
ein dickes Fell, das sie
warm hält, wenn sie
aus dem Wasser steigen.

kalte Berge

große Backen,
um Futter
aufzubewahren

dickes
Fell

14

Spannend:

Manchmal machen
die Affen Schneebälle –
nur zum Spaß!

🌍 Wo genau ist das?

Ort: die Berge Nordjapans, Asien
Habitat: Bergwälder – kalt, schneereich,
windig

Fest zudrücken

Die große Anakonda ist eine Schlange, die so lang wie ein Bus werden kann! Sie lebt in den **Tropenwäldern** von Südamerika im und in der Nähe von Wasser.

Moore und Sümpfe

Spannend:

Anakondas haben dunkelgrüne oder gelbe Haut mit großen schwarzen Flecken. Diese **Tarnung** verbirgt sie vor ihrer Beute.

Die Anakonda liegt im seichten Wasser.
Ihre Augen und Nasenlöcher befinden sich
oben auf dem Kopf, sodass sie trotzdem
sehen und atmen kann.
Sie wartet auf ein Tier, etwa
ein kleines Reh, das zum Trinken kommt.
Dann zieht sie das Tier ins Wasser und
umschlingt es mit ihrem Körper.
Sie erdrückt die Beute und verschlingt
sie in einem Stück.

Nasenlöcher auf
der **Oberseite**
des **Kopfes**

grüne und
schwarze Haut

Augen auf der
Oberseite des
Kopfes

17

Fürsorglicher Vater

Die Geburtshelferkröte aus den Bergen von Mallorca hat einen flachen Körper. Damit kann sie sich auch in Felsspalten quetschen, um sich zu verstecken und in Sicherheit zu bringen.

felsige Gebirge

goldfarbene Haut zur Tarnung

flacher Körper

Der Lebensraum der Kröte ist sehr trocken.
Ihre **Kaulquappen** leben aber im Wasser.
Nachdem das Krötenweibchen die Eier gelegt hat, trägt das Männchen die Eischnüre um seine Hinterbeine gewickelt.
Er sucht dann eine Pfütze, in der die Kaulquappen später schwimmen können.

Spannend:
Krötenmännchen tragen die Eier bis zu einem Monat lang. Sie suchen Schutz an feuchten Plätzen, damit die Eier nicht austrocknen.

Wo genau ist das?
Ort: Mallorca, Europa
Habitat: Berge – felsig, trocken, steil

19

Frostschutzmittel im Fisch

Das Südpolarmeer um Antarktika ist eiskalt. Die meisten Fische würden schnell erfrieren.

vereister Ozean

Der Riesen-Antarktisdorsch hat jedoch eine Art **Frostschutzmittel** in seinem Körper. Es verhindert die Eisbildung in seinem Blut. Dieser riesige Dorsch ist ein sehr guter Jäger. Er hat scharfe Zähne, mit denen er Fische und Tintenfische frisst. Aber er muss sich vor Robben und Walen in Acht nehmen, die sehr gerne Antarktisdorsche fressen.

Wo genau ist das?

Ort: Antarktis
Habitat: Ozean – vereist, stürmisch

riesiger Körper – kann über 2 Meter lang werden

scharfe Zähne

Seegrasverkleidung

Der Große Fetzenfisch lebt zwischen Seegras- und Tangwiesen. Aber man muss genau hinsehen, um ihn zu erkennen. Er hat einen gelb-grünen Körper mit Hautlappen, die wie Seetangbüschel aussehen.

Seetang

lange Schnauze

gelb-grüner Körper

blattartige Hautlappen

Wo genau ist das?

Ort: Süd- und Westküste Australiens
Habitat: Küste – felsig, seegrasbewachsen, sonnig

Seine perfekte Tarnung verbirgt den Fetzenfisch vor anderen hungrigen Fischen. Sein Körper ist ziemlich hart und stachelig, was ihn zu einer nahezu ungenießbaren Mahlzeit für jeden **Raubfisch** macht.

Spannend:

Fetzenfische ernähren sich von kleinen Garnelen. Mit ihren langen dünnen Schnauzen können sie Hunderte von Garnelen einsaugen.

Worterklärungen

Beute: Tiere, die von anderen Tieren gejagt und gefressen werden

Frostschutzmittel: Eine Chemikalie, die verhindert, das eine Flüssigkeit einfriert

Habitat: Ort, an dem Tiere und Pflanzen leben

Kaulquappen: Kleine Lebewesen, die aus Eiern schlüpfen und zu Kröten oder Fröschen werden

Lemminge: Kleine Pelztiere, die in der Tundra leben

Lemur: Tiere, die mit Affen verwandt sind und nur auf Madagaskar leben

Maden: Lebewesen, die sich zu Insekten, zum Beispiel Fliegen, entwickeln

Raubfisch: Fisch, der andere Tiere jagt und frisst

Tarnung: Muster und Markierungen auf einem Tierkörper, die helfen, sich zu verbergen

Tropenwälder: Wälder, die bei der Mitte der Erde (dem Äquator) zu finden sind

Tundra: Kalte, eisige Landschaft auf der Nordhalbkugel der Erde

Stichwortverzeichnis